Edmund Dorer

Die Calderon-Literatur in Deutschland

Edmund Dorer

Die Calderon-Literatur in Deutschland

ISBN/EAN: 9783744698382

Hergestellt in Europa, USA, Kanada, Australien, Japan

Cover: Foto ©Thomas Meinert / pixelio.de

Weitere Bücher finden Sie auf **www.hansebooks.com**

Die

Calderon-Literatur

in

Deutschland.

Bibliographische Uebersicht

von

Edmund Dorer.

Leipzig.

WILHELM FRIEDRICH,

Verlag des „Magazin für die Literatur des In- und Auslandes.“

1881.

Vorbemerkung.

Das vorliegende Schriftchen enthält eine möglichst vollständige Bibliographie der Calderon-Literatur in Deutschland. Die Uebersicht über die reichhaltige Literatur dürfte manchem Freunde der südlichen Poesie zum Andenken an den zweihundertsten Todestag Calderon's willkommen sein.

Bei dieser Gelegenheit fühle ich mich verpflichtet, den Titl. Herren R. Baumstark, Oberamtsrichter in Achern, Dr. L. Braunfels, spanischer Consul in Frankfurt, Dr. A. Göldlin von Tiefenau, Scriptor der K. K. Bibliothek in Wien, Prof. Dr. Halm in München, Prof. Dr. Holland in Tübingen und Karl Mey in Zürich meinen aufrichtigen Dank für die vielen und schätzenswerthen Beiträge zu meinen bibliographischen Arbeiten auszusprechen.

Der Herausgeber.

Inhalt.

III.

Verschiedenes.

IV.

I.

Ueber Calderon und seine Werke.

Literaturhistorische Werke,

in denen Calderon und seine Werke besprochen werden.

Velazquez, Geschichte der spanischen Dichtkunst, übersetzt und mit Anmerkungen erläutert von J. A. **Dieze**. 8. Göttingen. Bossiegel. 1769.

Bonterwek, Geschichte der spanischen Literatur. (Literaturgeschichte Bd. III.) Göttingen. 1804.

Sismondi, Literatur des südlichen Europa's, deutsch, mit Anmerkungen begleitet von L. **Hain**. 2 Bde. 8. Leipzig. Brockhaus. 1816—19.

Schlegel, A. W v., Ueber dramatische Kunst und Literatur. 2 Thle. 8. Heidelberg. Mohr & Zimmer. 1809—11.

Schlegel, Frd. v., Geschichte der alten und neuen Literatur. 2 Thle. 8. Wien. Schaumburg. 1813.

Ulrici, H., Ueber Shakespeare's dramatische Kunst, sein Verhältniss zu Calderon und Göthe. 8. Halle. 1839.

Fortlage, Vorlesungen über die Geschichte der Poesie. Stuttgart. Cotta. 1839.

Schack, Ad. Frhr. v., Geschichte der dramatischen Literatur und Kunst in Spanien. 3 Bde. 8. Berlin. Dunker & Humblot. 1845.

— -- Nachträge dazu. Frankfurt. Baer. 1854.

Alt, Theater und Kirche in ihrem gegenseitigen Verhältniss. Berlin. 1846.

Deutinger, M., Das Gebiet der dichtenden Kunst. (5. Theil der Grundlinien einer positiven Philosophie.) Regensburg. 1846.

Zimmermann, Fr., Zur Geschichte der Poesie. 8. Darmstadt. Jonghaus. 1847.

    (Ueber Calderon. Allgemeine Charakteristik. Gallerie einzelner Dramen.)

Schmidt, Julian, Geschichte der Romantik. 2 Bde. 8. Leipzig. Herbig. 1848.

Ticknor, Geschichte der schönen Literatur in Spanien. Deutsch mit Zusätzen von N. A. **Julius**. 2 Bde. 8. Leipzig. Brockhaus. 1852.

— — Supplementband von A. **Wolf**. Ebendaselbst. 1866.

Münch - Bellinghausen, Frhr. v., Ueber die älteren Sammlungen spanischer Dramen. 4. Wien. Staatsbuchdruckerei. 1852.

Eichendorf, Frhr. v., Zur Geschichte des Drama's. 8. Leipzig. Brockhaus. 1854.

Rosenkranz, K., Die Poesie und ihre Geschichte. gr. 8. Königsberg. Bornträger. 1855.

Lemcke, L., Handbuch der spanischen Literatur. 3 Bde. gr. 8. Leipzig. 1855—56.

Deutsche Vierteljahrsschrift. Stuttgart. Cotta. April u. Juni 1857. (Literarische Wechselwirkung Spaniens und Deutschlands.)

Hase, Karl, Das geistliche Schauspiel. Leipzig. Breitkopf. 1858.

Schmidt, Leopold, Ueber die vier bedeutendsten Dramatiker der Spanier. Vortrag. Bonn. Markus. 1858.

Frenzel, Karl, Dichter und Frauen. 2 Bde. 8. Hannover. 1859 – 60. (Im Bd. I.: Calderons historische Dramen.)

Raumer, Fr. v., Handbuch zur Geschichte der Literatur. 4 Thle. Leipzig. Brockhaus. 1864.

Dohm, H., Die spanische Nationalliteratur in ihrer geschichtlichen Entwickelung nebst den Lebens- und Charakterbildern ihrer classischen Schriftsteller und ausgewählten Proben aus den Werken derselben. In deutscher Uebersetzung. (Mit Illustrationen.) 4. Berlin. Hempel. 1867.

Schmidt, Julian, Bilder aus dem geistigen Leben unserer Zeit. Neue Folge. Leipzig. Dunker & Humblot. 1871. (In dem Aufsatz: Fernan Caballero und Alt-Spanien.)

Carrière, Moritz, Die Kunstgeschichte im Fortgang der Kulturentwickelung. (Bd. IV.) Leipzig. Brockhaus. 1871.

Klein, J. L., Geschichte des Drama's. (Das spanische Drama. 4 Bde.) Leipzig. Weigel. (Ueber Calderon Bd. XI., 1. u. 2.) 1874—75.

Specielle Werke.

Schulze, Johann, Ueber den standhaften Prinzen des Don Pedro Calderon. Mit zwei Kupfern und Musik. gr. 8. Weimar. Landes-Industrie-Comptoir. 1812.

Calderon's Schauspiele, übersetzt von Otto von der Malsburg. 6 Bde. Leipzig. 1819.

(Grössere Einleitungen und Besprechungen zu jedem Stücke der Uebersetzung.)

Böhl de Faber (D. Juan Nicolas), Vindicaciones de Calderon y del teatro antiguo español contra los afrancesados en literatura. 12. Cadix. 1820.

(Vergl. Ticknor II. 652 über Böhl von Faber.)

Schmidt, F. W., Ueber die Kirchentrennung von England, Schauspiel des Don Pedro Calderon. gr. 8. Berlin. Maurer. 1819.

Petz, L. Tatralogie tragischer Meisterwerke. Kaschau. Wigand. 1824.

(Ueber den „standhaften Prinzen".)

Olfers, v., Leben des standhaften Prinzen nach der Chronik seines Geheimschreibers Alvares. Berlin. 1827.

Calderon's Schauspiele, übersetzt im Versmasse der Urschrift Wien. Sollinger. 1828.

(Sonette und Bemerkungen zu jedem Stücke.)

Rosenkranz, Karl, Ueber Calderon's Tragödie vom wunderthätigen Magus. Ein Beitrag zum Verständniss der Faust'schen Fabel. 8. Halle. Meissner. 1829.

Schröder, Fr. Ldwg., Dramatische Werke, herausgegeben von E. v. Bülow. Mit Einleitung von L. Tick. 4 Bde. Berlin. 1831.

(Im Bd. I.: Amtmann Graumann [El alcalde de Zalamea]. Ueber dieses Schauspiel Tick p. XLV., Bülow p. LXXIV.)

Haller Monatsschrift. Januarheft 1853. M. **Rapp:** Classification der Schauspiele Calderon's.

Calderon's geistliche Festspiele. In deutscher Uebersetzung mit erklärendem Commentar und einer Einleitung über die Bedeutung und den Werth dieser Dichtungen. Herausgegeben von Franz **Lorinser.** Regensburg und Breslau. 1856—72.

Neues Rheinisches Museum, Bd. X., pag. 313. („Ueber Calderon's Behandlung antiker Mythen" von Leopold **Schmidt**.)

Schmidt, F. W. V., Die Schauspiele Calderon's, dargestellt und erläutert. Herausgegeben von Leopold Schmidt. gr. 8. Elberfeld. 1857.

Ulbrich, H., Ueber Calderon's Schauspiel: „Die Kirchenspaltung von England". Crefeld. Kühler. 1863.

Ulbrich, H., Quæstiones Calderonianæ. 8. Bonnæ. 1865.

Beyschlag, W., De Cypriano Mago et Martyre, Calderoniceæ tragœdiæ persona primaria. 4. Halle. 1866.

Calderon, Das Leben ein Traum. Nach dem Spanischen von C. A. **West**. Fünfte Auflg. Mit Vorwort von Heinrich **Laube**. Wien. Wallishauser. 1867.

    (Einleitung. West und Laube über das Drama Calderon's.)

Calderon, Das Leben ein Traum, bearbeitet von Paul **Herlth**. Berlin. Schröder. 1868.

    (Herlth über Calderon und das übersetzte Schauspiel.)

Spanisches Theater, herausgegeben von M. **Rapp**. Hildburghausen. Bd. VI. 1870.

    (Einleitung von M. Rapp: über Calderon und die Classification seiner Dramen.)

II.

Uebersetzungen und Bearbeitungen

der

Dichtungen von Calderon.

————

Sammelwerke.

Spanisches Theater aus dem Französischen von **Linguet.** Uebersetzt von J. Fr. W. **Zachariæ.** 3 Bde. 8. Braunschweig. Waisenhausbuchhandlung 1770—71.

Bd. I. Der Verschlag. (El escondido y la tabada). Es geht erwünscht. (Mejor esta que estaba).

Bd. II. Die Liebe versteht keinen Spass.

Bd. III. Die bestrafte Entführung. (El alcalde de Zalamea.)

Becker, Ruprecht. **Schauspiele nach spanischen Originalen.** Dresden und Leipzig. Breitkopf. 1783.

— — dasselbe. Neue Ausgabe. Leipzig. Nauk. 1806.

1. Der verstellte Sternseher.

2. Es ist schlimmer, als es war.

Gozzi, theatralische Werke übersetzt von **Werthes.** 5 Thle. Bern 1777—79.

(Bd. IV. Das öffentliche Geheimniss. Lustspiel in 3 Aufzügen nach Calderon.)

(Bd. V. Die zwei schlaflosen Nächte. Tragikomödie in 5 Aufzügen nach Calderon's gustos y desgustos no mas que imaginacion.

— — Gozzi (des Grafen Carlo) Zwei Schauspiele. Für das deutsche Theater bearbeitet (von F. W. Gotter). 8. Leipzig. Dick. 1781.

Inhalt: Das öffentliche Geheimniss. — Wie man die Sache sich denkt oder die zwei schlaflosen Nächte.

Spanisches Theater oder Schauspiele von Don Pedro Calderon de la Barca. Herausgegeben von A. W. von **Schlegel.** Erster Band. 8. Berlin. Realschulbuchhandlung 1803.

— — dasselbe 2 Bde. 8. Berlin. Hitzig. 1809.

— — dasselbe 2 Bde. Mit zwei Stahlstichen. Wien 1813.

— — dasselbe. Zweite Auflage. Besorgt von E. Böcking. 2 Bde. 16. Leipzig. Weidmann 1845.

Bd. I. Die Andacht zum Kreuze. — Ueber allen Zauber Liebe. — Die Schärpe und die Blume.

Bd. II. Der standhafte Prinz. — Die Brücke von Mantible. — Bruchstücke aus den Locken des Absalons.

Calderon, Schauspiele übersetzt von J. D. **Gries.** 7 Bde. 8. Berlin.
Nicolai. 1815 29.

— — Achter Band. ebendaselbst. 1842.

— — dasselbe. 5 Bde. 16. Wien. 1825.

— — dasselbe. Zweite durchgesehene Auflage. Mit dem Bildnisse
Calderons. 8 Bde. 16. Berlin. Nicolai. 1840—41.

— — dasselbe. Neunter Supplement-Band. Zwei Schauspiele
von Calderon übersetzt von der Verfasserin der Rolands Aben-
theuer. 1850.

— — dasselbe. Dritte Auflage. 9 Bde. 16. Berlin. Nicolai.
1862. —

Bd. I. Das Leben ein Traum. — Die grosse Zenobia.

Bd. II. Das laute Geheimniss. — Der wunderthätige Magus.

Bd. III. Eifersucht das grösste Scheusal. — Die Verwicklungen des Zufalls.

Bd. IV. Die Tochter der Luft. Zwei Theile.

Bd. V. Die Dame Kobold. — Der Richter von Zalamea.

Bd. VI. Drei Vergeltungen in Einer. — Hüte dich vor
stillem Wasser!

Bd. VII. Die Locken Absalons. — Der Verborgene und die
Verkappte.

Bd. VIII. Des Gomez Arias Liebchen. — Der Arzt seiner
Ehre.

Bd. IX. Der Maler seiner Schmach. — Des Namens Glück
und Unglück.

Calderon Schauspiele. Uebersetzt von Frd. G. **Otto von der Malsburg.**
6 Bde. 12. Leipzig. Brockhaus. 1819—25.

Inhalt. Bd. I. Es ist besser, als es war. — Es ist schlimmer
als es war.

Bd. II. Fürst, Freund, Frau. — Wohl und Weh.

Bd. III. Echo und Narcissus. — Der Gartenunhold.

Bd. IV. Die Scherin des Morgens. — Die Morgenröthe
in Copacavana.

Bd. V. Der Schultheiss von Zalamea. — Weisse Hände
kränken nicht.

Bd. VI. Graf Lucanor. — Weine, Weib und du wirst
siegen.

Calderon Schauspiele, metrisch treu übersetzt von G. N. **Bärmann**
und C. **Richard.** 12 Bändchen. 16. Zwickau. Schumann. 1824—
1827. (Aus der Taschenbibliothek der Ausländischen Classiker.
Zwickau 1821—31)

Calderon's Schauspiele übersetzt von A. Jeitteles. Erstes (und einziges) Bändchen. 8. Brünn. Trassler. 1824.
(Das Bündchen hat auch den Titel und enthält: Das Fegefeuer des hl. Patricius.

Calderon's Schauspiele, übersetzt im Versmasse der Urschrift. 36 Bdchen. 16. Wien. Sollinger. 1828.
— — dasselbe. Ein Band. 4. 1828. (Nachdruck der Uebersetzungen von Schlegel, Malsburg, Gries und Bärmann sammt Uebersetzungen von A. Schumacher und Wilhelmine Schmidt.)

Geistlicher Blumenstrauss von Melchior von **Diepenbrock.** 16. Sulz-
bach. Seidel. 1829. (Das Leben ein Traum. Ein Auto von
Calderon im Versmass der Urschrift. Seufzer eines Sterbenden.
Gedicht von Calderon.)
— — Zweite Auflage 1852.
Calderon's sämmtliche Schauspiele, Frei bearbeitet. 5 Bdchen. 12.
Gotha. 1832.
Auch unter dem Titel: Auswahl aus Calderon's dramatischen
Werken.
(Aus: Classisches Theater des Auslandes in freien Ueber-
setzungen 32 Bdchen. Gotha. Reichenbach in Leipzig. 1825—32.)
Bd. I. Das Mädchen des Gomez Arias. — Bd. II. Der Lieb-
haber als Gespenst. — Bd. III. Das Leben ein Traum. —
Bd. IV. Der standhafte Prinz. — Bd. V. Die Scherin des
Morgens.
Sammlung spanischer Bühnenspiele. Frei bearbeitet von P. v. C.
(Pauline von **Calemberg.**) Kaiser Otto in Florenz. Schauspiel
von Lope de Vega. — Das Wetter hol' die Liebe. Lustspiel
nach Calderon. 8. Cassel. Fischer 1837.
— — drittes Bändchen. Donna Maria nach Calderon. 16. Cassel.
Fischer. 1839.
Calderon's Schauspiele. Bd. I. Stuttgart. Scheible. 1839. (Ab-
druck und Benutzung der Uebersetzungen von Gries und
Bärmann).
Calderon Schauspiele übersetzt von Adolf **Martin.** 3 Thle. gr. 12.
Leipzig. Brockhaus. 1844.
(Aus der Bibliothek der Classiker des Auslandes. Bd. 36—38).
I. Der Armen Wesen ist Anschläge. — Alles ist Wahrheit
und Alles Lüge. — Für heimliche Beleidigung heim-
liche Rache.
II. Die drei grössten Wunder. — Liebe, Ehre, Macht. —
Apollo und Klymene.
III. Leonid und Marfissa. — Phaeton. — Hass und Liebe.
Calderon, Geistliche Schauspiele, übersetzt von Joseph Freiherrn
von **Eichendorff.** 2 Bde. 8. Stuttgart. Cotta. 1846—53.
— — dasselbe. In: J. Frhr. v. Eichendorff's sämmtliche Werke.
Zweite Auflage. 6 Bde. 16. Leipzig. Voigt und Günther. 1864.
(Vermehrt mit dem geistl. Schauspiele: der Ehezwist).
Bd. I. Gift und Gegengift. — Das grosse Welttheater. —
König Ferdinand der heilige. — Das Schiff des Kauf-
manns. — Balthasar's Nachtmahl.

Bd. II. Der göttliche Orpheus. — Der Maler seiner Schande.
— Die eherne Schlange. — Amor und Psyche. —
Der Waldesdemuth Krone — Der Sünde Zauberei.
Calderon's Schauspiele, übersetzt von J. D. Gries. Supplementband.
Berlin. Nicolai 1850. Zweiter Titel.
Der Maler seiner Schmach. — Des Namens Glück und Unglück.
Zwei Schauspiele von Calderon. Uebersetzt von der Ver-
fasserin der Rolands-Abentheuer.
Calderon's geistliche Festspiele. In deutscher Uebersetzung mit
erklärendem Commentar und einer Einleitung über die Bedeu-
tung und den Werth dieser Dichtungen. Herausgegeben von
Franz Lorinser. 16 Bde. gr. 8. Die zwei ersten Bände. Regens-
burg. Manz. 1856—57. Die folgenden: Breslau, im Selbst-
verlag des Verfassers. 1861—72.

Spanisches Theater. Herausgegeben von M. **Rapp.** Hildburghausen. Bibliographisches Institut 1870.

Calderon's grösste Dramen religiösen Inhalts. Aus dem Spanischen übersetzt und mit den nöthigsten Erläuterungen versehen von Dr. F. **Lorinser.** 7 Bde. 8. Freiburg im Breisgau. Herder. 1875—76.

Spanische Gedichte, übersetzt von E. **Dorer.** Bruchstücke und Gedichte von Calderon.

Unser Schicksal. — Erde und Himmel. — Das göttliche Urbild. — St. Isidor. — Saat und Erndte. — Sarg und Wiege. — Todesstunde. — Ein Doppelbild. — Die Schönheit. — Das Bild eines Todten. — Tod der Schönheit. Glück und Genuss. — Morgenröthe und Frühthau. — Das Heer im Feld. — Gleich vertheilt. — Melancholie und Frühling. — Ein Proteus. — Zeit und Hoffnung. Der Schlaf. — Das Symbol der Lebensfackel. — Blumenloos. — Traum und Leben.

Einzelne Dramen religiösen Inhalts.

Schmidt, Balladen der deutschen Bürger, Stollberg und Schiller. 8. Berlin. Nauk. 1827.
(pag. 290. Ein Bruchstück aus dem Auto: El segundo blasons de Austria.)

Diepenbrock, M. v. **Geistlicher Blumenstrauss** aus spanischen und deutschen Dichtergärten. Gr. 12. Sulzbach. Seidel. 1829.
— — dasselbe. Zweite Auflage. 16. Ebendaselbst 1852.
— — dasselbe. Dritte Auflage. 1854.
(Enthält von Calderon: Das Leben ein Traum. Ein Auto. Seufzer eines Sterbenden. Gedicht.)

Die geistlichen Ritterorden. Auto von Calderon. Uebersetzt von F. **Lorinser.** 16. Regensburg. Manz. 1855.

Braunfels, Ludwig. **Dramen aus und nach dem Spanischen.** 2 Thle. 16. Frankfurt. Sauerländer. 1856.
Thl. II. Das Festmahl des Belsazar.

Die Andacht zum Kreuz. Aus dem Spanischen von J. T. L. **Menzel.** 8. Hof. Grau. 1811.

Calderon, Das Fegefeuer des hl. Patrizius, übersetzt von A. **Jeitteles.** 8. Brünn. Trasser. 1824.

Die Kreuzerhöhung, übersetzt von A. **Schumacher** gr. 16. Wien. Sollinger. 1827.

Schack, A. Fr. v. **Spanisches Theater.** 2 Thle. 8. Frankfurt.
Sauerländer. 1845.

 Im Bd. II. Chrysanthus und Daria. (Los amantes del cielo).

Ulbrich, H. Ueber Calderon's Schauspiel: die **Kirchenspaltung von
England,** mit der deutschen Uebersetzung des ersten Aktes gr.
8. Crefeld. Kühler. 1863.

Fastenrath, Immortellen aus Toledo. Leipzig. Mayer. 1869.

 Vor Toledo's Mauern. Schicksalsmächte. Bruchstücke
aus: la Virgen del Sagrario.

Einzelne Schauspiele und Lustspiele.

Cronegk, Fr. v. **Schriften.** 2. Bde. 8. Leipzig. Posch. 1760.

 (Bd. I. Eine Scene aus: La vanda y la flor in Prosa
übersetzt.)

Urania, Taschenbuch. Leipzig. Brockhaus. 1815.

 (Die Silberlocke im Briefe. Schauspiel von Calderon (?)
übersetzt von Helmina von **Chezy.** — Dies Schauspiel ist
nicht von Calderon, sondern von Guillen de Castro).

Schwan, Chr. Frd. Der **Soldat als Zauberer.** Opertte. 1772.

 (Uebersetzung einer Umarbeitung des Zwichenspieles von
Calderon: El dragoncillo.)

Calderon, die Verwicklungen des Zufalls, übersetzt von E. F. von
der **Malsburg.** 8. Berlin. Christiani. 1819.

Calderon, Liebe, Macht und Ehre. Uebersetzt von A. **Schumacher.**
gr. 16. Wien. Sollinger. 1827.

Contessa, C. W. S. **sämmtliche Schriften.** Herausgegeben von C.
v. Houwald. 9 Bdchen. Leipzig. Göschen. 1826.

 (Bd. VII. Der Liebhaber nach dem Tod. Oper. Nach Calderon's El galan phantasma.)

Gerle, W. A. **Das Mädchen des Gomez Arias.** Drama in 3 Akten
nach Calderon.

Geheime Rache für geheimen Schimpf. Nach dem Spanischen des
Calderon von Sommerbrodt.

Halm, Frd. **Literarischer Nachlass.**

 (Ansätze zur Bearbeitung von zwei Tragödien von Calderon).

Das Leben ein Traum.

Der königliche Prinz aus Polen Sigismundus oder das menschliche Leben wie ein Traum. Nach dem Holländischen von Chr. H. **Postel,** componirt von **Conradi.** 4. o. O. u. J. Hamburg. 1693.

Der weise König Basilius, sonst genannt der traumhafte Prinz. (Eine Haupt- und Staatsaction.) Hamburg. 1721.

Schuldramen des Jesuiten Claus. Augsburg. 1741.
> (In dem Stück „Vulpanser" ahmt er Calderon's „das Leben ein Traum" nach.)

Das Leben als ein Traum, in einem Schauspiel vorgestellt, aus dem Italienischen übersetzt und mit poetischer Feder entworfen, sammt der französischen Uebersetzung. 8. Strassburg. 1750.

Lessing, Gottf. Ephr. **Werke.** Herausgegeben von Lachmann, durchgesehen von Maltzahn. Leipzig. Göschen. 1853.
> (Bd. II. Ein kleines Fragment einer Uebersetzung: „Das Leben ist ein Traum, aus dem Spanischen des Pedro Calderon de la Barca, übersetzt 1750.")

— — Lessing's dramatische Entwürfe und Pläne. Herausgegeben von R. Boxberger. Berlin. Hempel. 1876.
> (Ebenfalls ein Fragment.)

Das menschliche Leben ist ein Traum. Trauerspiel (von **Neuberin.**) 8. Wien. Kraus. 1761.

— — dasselbe. Die deutsche Schaubühne zu Wien, nach alten und neuen Mustern. 12 Bde. 8. Wien. Kraus. 1749—62.
> (Bd. IX. Das menschliche Leben ist ein Traum.)

Das Leben ein Traum, bearbeitet von **Einsiedel.** Manuscript. Weimar. 1813.
> (Vergl. Briefe von Schillers Gattin. Leipzig. 1856. pag. 144.)

Sigismund und Sophronia oder Grausamkeit aus Aberglauben. Schauspiel in 3 Akten von **Bertrand** (1813 oder 14.)
> (Deutsche Schaubühne. 22 Bde. Augsburg. Jenisch und· Stege. Bd. XXI.

Calderon, Schauspiele, übersetzt von J. D **Gries.** Berlin. Nicolai. 1815.
> (Bd. I. Das Leben ein Traum).

— — dasselbe. Mit dem Bildnisse des Dichters. Berlin. Nicolai. 1868.

Literarisch-kritische Modenzeitung. Wien. 1816 (oder 1815.)
(Uebersetzung einiger Scenen aus Calderon's: La vida es
un suenno von Frz. **Grillparzer.** — Vergl. Grillparzer's
Werke Bd. X. pag. 67).

Das Leben ein Traum. Aus dem Spanischen des Calderon für die
deutsche Bühne bearbeitet von C. A. **West.** 16. Wien. Wallishauser. 1816.

— — dasselbe. Zweite Auflage. 1817.

— — dasselbe. Dritte Auflage. 1820.

— — dasselbe. Vierte Auflage. 1827.

— — dasselbe. Fünfte Auflage. Mit einem Vorwort von H. Laube.
1867.

— — dasselbe. Reclams Universalbibliothek. Nr. 65. O. J.

Das Horoscop. Romantisches Schauspiel in 5 Aufzügen, nach dem
Spanischen frei für's deutsche Theater bearbeitet von C. A.
Mämminger. 8. Sulzbach. Seidel. 1818.

Das Leben ein Traum. Schauspiel in 5 Aufzügen. Nach der
Uebersetzung des Gries, für die deutsche Bühne frei bearbeitet
von J. B. von **Zahlhas.** 8. Leipzig. Voss. 1818.

Calderon Schauspiele übersetzt von G. N. **Bärmann** und C. **Richard.**
12 Bdchn. 12. Zwickau. Schumann. 1824—27.
(Bd. II. Das Leben ist Traum).

Calderon's sämmtliche Schauspiele. 5 Bdcbn. 12. Gotha. 1832.
(Bd. III. Das Leben ein Traum.)

Das Leben ein Traum oder das Horoscop. Grosse romantische
Oper in 3 Aufzügen von Dr. A. **Steppes.** Musik von Schlosser.
12. Darmstadt. Pabst. 1839.

Das Leben ein Traum. Schauspiel in 5 Acten. Aus dem Spanischen neu übersetzt und für die deutsche Bühne bearbeitet
von Paul **Herlth.** 8. Berlin. Schröder. 1868.

Das Leben ein Traum. Schauspiel in 5 Acten von Calderon de
la Barca. 8. Stuttgart. Hoffmann 1868.
(Aus: Classische Theaterbibliothek aller Nationen. Bd. VII.
Die West'sche Bearbeitung mit kleinen Abänderungen.)

Calderon's grösste Dramen religiösen Inhalts, übersetzt von Dr. F.
Lorinser. 7 Bde. Freiburg. Herder. 1875.
(Bd. I. Das Leben ein Traum).

Der Richter von Zalamea.

Beiträge zum spanischen Theater von **Linguet** (übersetzt von F. **Zachariae**). 3 Bde. 8. Braunschweig. Waisenhausbuchhandlg. 1770—71.

(Bd. III.: Die bestrafte Entführung. El alcalde de Zalamea.

Die Begebenheiten auf dem Marsch oder der Alcade von Zalamea. Lustspiel in 5 Aufzg. nach Calderon. 8. Berlin. Weyern. 1780.

Schröder, Frd. Ldw., **Amtmann Graumann** oder die Begebenheiten auf dem Marsch. Schauspiel in 4 Acten. 8. Hannover. Hahn.

— — Dasselbe. Mannheim. Schwan. 1781.

— — Schröder, F. L., Dramatische Werke. Herausgegeben von E. v. Bülow. 4 Bde. 8. Berlin. Reimer. 1831.

(Bd. I.: Amtmann Graumann oder die Begebenheiten auf dem Marsch, nach Calderons Alcalde de Zalamea.)

Stephanie (Gottlieb) des jüngern **sämmtliche Lustspiele.** 6 Bde. 8. Wien. 1771—87.

(Bd. VII.: Der Amtmann und die Soldaten.)

— — Derselbe. Der Oberamtmann und die Soldaten. Schauspiel. 8. Leipzig. Rain. 1795.

Calderon's Schauspiele, übersetzt von J. D. **Gries.** 7 Bde. Berlin. 1815—29.

(Bd. V.: Der Richter von Zalamea.)

Calderon's Schauspiele, übersetzt von Otto v. d. **Malsburg.** 6 Bde. Leipzig. 1819—25.

(Bd. V.: Der Schultheiss von Zalamea.)

Der Richter von Zalamea. Schauspiel in 5 Acten nach Calderon und mit theilweiser Benutzung der Gries'schen Uebersetzung für die deutsche Bühne bearbeitet von Feodor **Wehl.**

Der standhafte Prinz.

Spanisches Theater. Herausgegeben von A. W. v. **Schlegel.** 2 Bde. Berlin. 1809.

(Bd. II.: Der standhafte Prinz.)

Calderons sämmtliche Schauspiele. 5 Bdchen. Gotha. 1832.

(Bdch. IV.: Der standhafte Prinz.)

Mäninger, Don Fernando oder dem Dulder Sieg. Sulzbach. 1820.
(Freie Bearbeitung des „standhaften Prinzen".)

Tetralogie tragischer Meisterwerke der Alten und Neueren. Aus
den Ursprachen übersetzt und erläutert von **Petz.** gr. 8.
Kaschau. Wiegand. 1824.
(Enthält: Prometheus von Äschylus. — Der standhafte Prinz
von Calderon. — Ödipus von Sophokles. — König Lear
von Shakespeare.)

Calderon's Grösste Dramen religiösen Inhalts, übersetzt von Dr. F.
Lorinser. 7 Bde. 8. Freiburg. Herder. 1875.
(Bd. I.: Der standhafte Prinz.)

Der Arzt seiner Ehre.

Calderon's Schauspiele, übersetzt von J. D. **Gries.** Berlin. 1815
(Bd. VIII. Der Arzt seiner Ehre.)

— — Dasselbe. Zweite Auflage. Berlin. 1840—41.
(Bd. VIII.: Der Arzt seiner Ehre.)

— — Der Arzt seiner Ehre, von Calderon; übersetzt von J. D.
Gries. 16. Leipzig. Reclam. O. J.
(Universalbibliothek No. 590.)

Calderon's Schauspiele, übersetzt von G. N. **Bärmann u. C. Richard.**
Zwickau. 1824—27.
(Bd. X. Der Arzt seiner Ehre.)

Calderon, Der Arzt seiner Ehre. Uebersetzt von A. **Schumacher.**
gr. 16. Wien. Sollinger. 1828.

— — Dasselbe. Calderon's Schauspiele. 36 Bändchen. Wien.
Sollinger. 1828.
(Bdch. XXXVI. Der Arzt seiner Ehre.)

West (Schreyvogel), Don Gutierre, Trauerspiel in 5 Aufzg. nach Calderon. (Mit Titelvignette.) gr. 8. Wien. Wallishauser. 1834.

Fastenrath, Immortellen aus Toledo. Leipzig. Mayer. 1869.
(Bruchstück aus: El medico de su honra.)

Der wunderthätige Magus.

Calderon's Schauspiele, übersetzt von J. D. Gries. 1815.
(Bd II. Der wunderthätige Magus.)

Calderon's Schauspiele, übersetzt von Bärmann und Richard. 1824.
(Bd. III. Der Schwarzkünstler.)

Calderon's grösste Dramen religiösen Inhalts. Uebersetzt von F.
Lorinser. 1875.
(Bd. VI. Der wunderbare Zauberer.)

Die Tochter der Luft.

Calderon's Schauspiele, übersetzt von J. D. Gries. 7 Bde. Berlin.
1815—29.
(Bd. IV. Die Tochter der Luft. Zwei Theile.)

Raupach, Die Tochter der Luft. Eine mythische Tragödie nach der
Idee des P. Calderon. 8. Hamburg. 1829.

Die Tochter der Luft nach dem Calderon'schen Drama gleichen
Namens von Frhr. Giobert Vinke. (Im Hoftheater zu Karlsruhe
aufgeführt. April. 1875.)

Die Brücke von Mantible.

Spanisches Theater von A. W. v. Schlegel. Berlin. 1809.
(Bd. II Die Brücke von Mantible.)

Calderon's Schauspiele, übersetzt von G. N. Bärmann u. C. Richard.
Zwickau. 1824—27.
(Bd. I. Die Brücke von Mantible.)

Jahrbücher für Drama und Dramaturgie und Theater, herausgegeben
von E. Willkomm und A. Fischer. 2 Bde. Leipzig. Hartung.
1837—38.
(Im Bd. I.: Probe einer Uebersetzung des Calderon'schen
Stückes: „Die Brücke von Mantible" von Fr. Günther.)

Es ist schlimmer, als es war.

Meyer, F. L. W., **Beiträge, der vaterländischen Bühne** gewidmet. 8
Berlin. Unger. 1793.
(Der Schutzgeist. Peor esta que estaba.)

Becker, Ruprecht, **Schauspiele nach spanischen Originalen.** Dresden
und Leipzig. Breitkopf. 1783.
— — Neue Ausgabe. Leipzig. Nauck. 1806.
(Schlimmer als vorher!)

Calderon's Schauspiele, übersetzt von Otto v. d. **Malsburg.** 6 Bde.
Leipzig. 1819—25.
(Bd. I. Es ist schlimmer, als es war.)

Bühnenrepertoir des Auslandes. In Uebertragungen herausgegeben
von L. W. **Both.** Bd. I.—VII. Berlin. Hayn. 1830—35.
(Im Bd. IV. No. 31: „Es ist schlimmer, als es war" nach
Calderon.)

Vom Regen in die Traufe. Frei nach Calderon von F. C. **Schubert.**
Aufgeführt auf der Münchener Bühne. Juli 1872.

Das öffentliche Geheimniss.

Gozzi, Schaubühne, übersetzt von **Werthes.** 5 Bde. Bern. 1777—79
(Bd. IV.: Das öffentliche Geheimniss, Lustspiel in 3 Aufzügen nach Calderon.)

Gozzi (des Grafen Carlo), **zwei Schauspiele.** Für das deutsche
Theater bearbeitet von J. W. **Gotter.** Leipzig. Dyk. 1781.
(Enthält: Das öffentliche Geheimniss, in 3 Acten nach
Gozzi-Calderon.)

Das öffentliche Geheimniss. Schauspiel in 3 Aufzügen. Frankfurt.
Gebhard. 1782.

Das öffentliche Geheimniss. Lustspiel in 5 Acten nach **Gozzi,** von
Gotter. 8. Wien. Wallishauser. 1792.

Calderon's Schauspiele, übersetzt von J. D. **Gries.** 7 Bde. Berlin.
1815—29.
(Bd. II.: Das laute Geheimniss.)

Das öffentliche Geheimniss. Nach dem Spanischen von J. W. **Lembert.**
gr. 12. Wien. Trendler. 1824.

Blum, C., Theater. 2 Bde. 8. Berlin. Schlesinger. 1839—40.
(Bd. I.: Das laute Geheimniss.)
— — Dasselbe. **Gozzi, Carlo,** Das laute Geheimniss. Romantisches
Lustspiel in 5 Aufzg., bearbeitet von Carl **Blum.** 8. Berlin.
Schlesinger. 1841.
— — Dasselbe. Leipzig. Reclam.
(Universalbibliothek No. 757.)
Bühnenrepertoir des Auslandes, herausgegeben von **Both.** Berlin.
Hayn. 1850.
(Bd. XX. No. 158: Der Handschuh und der Fächer. Lust-
spiel in 3 Aufzügen von **Bayard.** Nach der Idee des
Lustspiels von Calderon.)
Das laute Geheimniss. Nach Calderon und Gozzi frei be-
arbeitet von **Gassmann.**
(Aufgeführt in Dresden. September 1870.)

Das Haus mit zwei Thüren.

Das Haus mit zwei Thüren. Ein Lustspiel in zwei Aufzügen. Für
die deutsche Bühne übersetzt von **J. N. Bärmann.** 8. Altona.
Aue. 1821.
— · — Calderon's Schauspiele. 36 Bdchen. Wien. Sollinger. 1828.
(Bdchen. VI.: Das Haus mit zwei Thüren, übersetzt von
Bärmann.)
Cosmar, A., Dramatischer Salon. Almanach kleiner Bühnenspiele.
2 Jahrgänge. 16. Berlin. Morin. 1839.
(Im 1. Jahrgang: Die Liebe im Eckhause, nach Casa con
dos puertas.)
— — Derselbe. Die Liebe im Eckhause. 16. Leipzig. Reclam. O. J.
(Reclam's Universalbibliothek.)

Hüte dich vor stillem Wasser!

Calderon's Schauspiele, übersetzt von **J. D. Gries.** 7 Bde. Berlin.
1815—29.
(Im Bd. VI.: Hüte dich vor stillem Wasser!)
Spanisches Theater, herausgegb. von **M. Rapp.** Hildburghausen. 1870.
(Im Bd. VI.: Hüt' dich vor'm stillen Wasser!)

Stille Wasser lügen! Lustspiel in 3 Acten nach dem Spanischen des Calderon von Dr. **Sprengel.** Wien. Wallishauser. 1869. (Wiener-Theater-Repertoir No. 192.)

Neigung und Abneigung sind nur Einbildung!

Gozzi, Carl, Italiens neueste Schaubühne, übersetzt von **Werthes.** 5 Thle. Bern. 1777—79.

(Bd. V.: Die zwei schlaflosen Nächte oder der Betrug der Einbildung.)

— — Gozzi (des Grafen Carlo) zwei Schauspiele, für das deutsche Theater bearbeitet (von F. W. **Gotter).** Leipzig. Dyk. 1781. (Die zwei schlaflosen Nächte.)

— — Gozzi, Zwei unruhige Nächte oder Neigung und Abneigung, von J. G. **Dyk.** Leipzig. Dyk. 1781.

— — Dasselbe. Dyk's Nebentheater. 6 Bde. 1786—88. (Im Bd. V.: Zwei unruhige Nächte.)

Donna Maria. Nach Calderon (auch unter dem Titel: Sammlung spanischer Bühnenspiele). Frei bearbeitet von P. v. C. (Pauline von **Calemberg).** 16. Cassel. Fischer. 1839.

Sein eigener Gefangenwärter.

Sein selbst Gefangener. Nach dem Italienischen von II. **Hinze.** Componirt von **Franke.** Hamburg. 1680.

Sein selbst Gefangener oder Jodelet, von J. W. **Frank.** 1681.

Jodelet, ein Singspiel von J. P. **Prätorius.** 1726.

(Sein selbst Gefangener und Jodelet sind Uebersetzungen italienischer und französischer Bearbeitungen des Alcaide de si mismo von Calderon.)

Die Dame Kobold.

Komisches Theater der Franzosen, herausgegeben von J. G. Dyk. 10 Thle. 8. Leipzig. Dyk. 1777—86.

(Im Bd. IV.: Der Kobold, nach Hanteroche von **Gotter).**

Calderon's Schauspiele, übersetzt von J. D. **Gries.** 7 Bde. Berlin. 1815—29.

(Im Bd. V.: Die Dame Kobold.)

Biedenfeld, Ferdinand Frhr. v., **Neues Jahrbuch für die Bühne.** Erster Jahrgang. Mit 7 illustrirten Costumbildern. 12. Weimar. Voigt. 1835.

(Enthält auch: Dame Kobold, Lustspiel in 4 Aufzg. nach Calderon.)

— — Derselbe. Dame Kobold. Lustspiel in 4 Aufzg. nach Calderon und Gries für die deutsche Bühne bearbeitet. Als Manuscript gedruckt. O. O. & J.

Die Dame Kobold. Lustspiel von Calderon Aus dem Spanischen in deutsche Jamben übertragen von Reinhold **Baumstark.** gr. 8. Wien. Sartori. 1869.

III.

Verschiedenes.

Ausgaben der Werke Calderon's im Original.

Triunfos del Deciembre — celebredos de los Augustissimos Emperador y Emperadriz de Romanos Leopoldo y Margarita en una comedia Española con que los festejan. 4. En Viena. M. Cosmerovio. 1668.
(Abdruck der Comödie von Calderon: Darlo todo y no dar nada, welche in Wien zur Geburtstagsfeier der Königin von Spanien aufgeführt wurde.)

Comedias de los mejores y mas insignes Ingenios de Espanna. Colonia. 1697.
(Enthält auch: La vida es un sueño, von Calderon.)

Teatro espannol por **A. Norwich.** (ocho Comedias de Calderon.) 2 tms. Bremen. 1819.

Calderon de la Barca P. Comedias corregidas y dadas à luz por Juan Jorge **Keil.** 3 tms. 12. Lipsique. 1820—22.

Calderon de la Barca P. Comedias corregidas y dadas à luz por J. J. **Keil** (con el retrato grabado). 4 tms. Lex. 8. Lipsique. Fleischer. 1827—30.

Teatro espannol con annotationes por **Franceson.** Leipzig. 1851.
(La vida es un sueño.)

Teatro Escogido de Calderon de la Barca. 3 tms. 8. Leipzig Brockhaus. 1877.

Musikalisches, Illustrationen und Bildnisse.

Schulze, Joh., Ueber den standhaften Prinzen von Calderon. Mit drei Kupfern und Musik. Weimar. 1812.

Reinecke, C., Ouverture zu Calderons „Dame Kobold" für grosses Orchester. Leipzig.

Das Leben ein Traum oder das Horoskop. Grosse romantische Oper in 3 Aufzügen von Dr. A. **Steppes.** Musik von Schlosser. 12. Darmstadt. Pabst. 1839.

Contessa (C. W. Salice) sämmtliche Schriften. Herausgegeben von C. v. Honwald. 9 Bde. Leipzig. Göschen. 1826.
>(Bd. VII.: Der Liebhaber nach dem Tod. Oper. [Nach El galan phantasma.])

Kupfersammlung zu Calderon's Schauspielen. 6 Hefte. Lex. 8. Mit 33 Kupfertafeln. Nürnberg. Schrag. 1828.
>(Stiche nach Zeichnungen von L. Schnorr von Carolsfeld, Anschütz, Stürmer, Gützenberger, Stilke und Heideloff.)

Costumephotographie von Pauline Ulrich in dem Schauspiele: Das Leben ein Traum. Arnoldi'sche Kunsthandlung in Dresden.

Bildniss von Calderon. Kupferstich. Leipzig. Fleischer.

Statuette Calderon's von Schaller. (Photographie nach derselben.) München.

Calderon's Kopf, gemalt im neuen Theater zu Dresden.

Bildnisse berühmter Männer. 4. Stuttgart. Metzler.
>(Bildnisse der Spanier Calderon, Lope de Vega, Cervantes. Druck in Zwickau. Schumann.)

Dichtungen über Calderon und seine Werke.

Klein, J. L., Dramatische Werke. Leipzig. Weigel. 1871.
>(Bd. V.: „Moreto" Trauerspiel. In diesem Drama treten auch Calderon und Lope de Vega als handelnde Personen auf.)

Jahrbuch deutscher Bühnenspiele, herausgegeben von Gubitz. Berlin. 1839.
>(„Ein Schicksalstag in Spanien, Comödie mit Gesang von L. Robert." Verspottung der Schicksalstragödien und der Verehrung Calderons auf der Bühne.)

Hoffmann, C. T. A., Erzählungen aus seinen letzten Lebensjahren. Stuttgart. 1839.
>(In der Novelle: „Die Genesung" Benutzung eines Thema's aus Calderon.)

Calderon's Schauspiele, übersetzt von O. v. d. **Malsburg.** Leipzig. 1819—25.
>Gedichte von Helminia v. Chezy, Philippine v. Calemberg, Graf Loeben.

Malsburg, O. v. d., **Poetischer Nachlass.** Cassel. 1825.
(Sonette.)

Calderon's Schauspiele. Wien. Sollinger. 1828.
Gedichte von W. Müller, J. G. Seidel, Bauernfeld, Schlechta,
Loeben, Schumacher.

Einzelne Sonette und Gedichte:
Von **Schlegel,** A. W. v. (Werke Bd. I.)
Schlegel, Frd. v. (Werke Bd. I.)
Rückert, Frd. (Gedichte u. Kindertodtenlieder. [Glosse.])
Geibel, Em. (Gedichte.)
Fastenrath, Joh. (Immortellen aus Toledo. Hesperische
Blüthen.)

IV.

Nachträge und Berichtigungen.

Literaturhistorische Werke.

(zu pag. 7.)

Halirsch, Ldwg. Dramaturgische Skizzen. 2 Bde. Leipzig. Tocke. 1829.

(Ueber Calderon's und Raupach's Tochter der Luft.)

Menzel, Wolfg. Deutsche Dichtung. 3 Bde. 8. Stuttgart. Krabbe. 1859.

(Bd. II. Der Einfluss Calderon's auf die lateinischen Schuldramen in Deutschland.)

Archiv für das Studium der neueren Sprachen. Herausgb. von Herrig. Braunschweig. Westermann.

Bd. 23. Ueber das Intriguenspiel: No hay burlas con el amor und Vergleich desselben mit Moliér's Femmes savantes.

Bd. 26. Vergleichung der Tragödie: Der Arzt seiner Ehre mit Othello.

Bd. 29. Ueber die Tragödie: El principe constante.

Bd. 35. Ueber das Drama: Das Leben ein Traum, zusammengestellt mit Grillparzer's: Der Traum ein Leben.

Baumstark, Reinhold. Ausflug nach Spanien. Regensburg. Manz. 1868. 2. Aufl. 1869.

(p. 362—373. Das jetzige Theater in Madrid und Calderon.)

— — Derselbe. (Historisch-politische Blätter. München. 1873. pag. 472—489. Ueber Calderon's Autos sacramentales.

— — Derselbe. (Literarische Rundschau. Aachen. 1875. No. 14.) Recension von Lorinser's „Calderon's grösste Dramen."

— — Derselbe. (Alte und Neue Welt. Einsiedeln. Benziger. 1877. No. 11—14.) Don Pedro Calderon. Ein Dichterleben.

Bulthaupt, A. H. Streifzüge auf dramaturgischem Gebiete. Bremen. Kühtmann. 1879.

(Ueber die Willensbestimmungen der Charactere bei Calderon, Skakespeare und Schiller)

Normann, H. Classische Dichterwerke aus allen Literaturen. Stuttgart. Levy u. Müller. 1880.

(Ueber Calderon's Leben ein Traum.)

Specielle Werke.

(zu pag. 9.)

Abert, Joh. Gedanken über Gott, Welt und Menschenleben in den Autos sacramentales des Don Pedro Calderon de la Barca. Passau. 1875. — Abthlg. II. Die Existenz Gottes. 1876.

Carriere, Moritz. Calderon's wunderthätiger Magus und Göthe's Faust. Braunschweig. 1876.

(Westermann's Monatshefte. No. 238.)

Meyer, Wilhelm. Ueber Calderon's Sibylle des Orients. (Vortrag in der Akademie der Wissenschaften.) München. Franz. 1879.

Abert, J. Schlaf und Traum bei Calderon. Würzburg. Stahel. 1881.

Sammelwerke.

(zu pag. 13.)

Cancionero. Spanische Gedichte. Uebersetzt von Edmund **Dorer.** Leipzig. Weigel. 1879.

(Bruchstücke und Gedichte aus Calderon's Dramen.)

Einzelne Dramen religiösen Inhalts.

(zu pag. 19.)

Die Andacht zum Kreuze. Schauspiel in 3 Aufzügen von Calderon. Uebersetzt von A. W. v. **Schlegel.** Leipzig. Reclam. O. J.

(Universalbibliothek No. 999.)

Calderon, Die Andacht zum Kreuze. Düsseldorf. Becker. 1879

Einzelne Schauspiele und Lustspiele.

(zu pag 20.)

Verwirrung und Verwirrung, Lustspiel in 3 Acten. Nach dem Spansch. des Calderon. Pressburg u. Leipzig. Löwen. 1779.

Bock, Der Verschlag, oder hier wird Versteckens gespielt. Ein Lustspiel nach Calderon. Leipzig. Hilscher. 1781.

Bock, Vermischtes Theater der Ausländer.. Leipzig. 4. Bde. 1778—81.

(Bd. 4. Der Verschlag.)

Wolff, P. A. Schwere Wahl. Lustspiel in 3 Acten.
(Bearbeitung von Calderon's Amigo, amante y leal.) Auf-
geführt in Berlin. 1822.
Calderon, Cefalo und Pocris. Burleske. Uebersetzt von C. A.
Dohrn. Stettin. Herrke. 1879.
No hay burlas con el amor. Amor lässt nicht mit sich
spassen. Lustspiel von Calderon. Uebersetzt von C. A.
Dohrn. Stettin. Herrke. 1880.

Der Richter von Zalamea.

(zu pag. 23.)

Der Richter von Zalamea, bearbeitet von F. **Wehl.**
(Die deutsche Schaubühne redigirt von F. Wehl. Zweiter
Jahrgang. Heft 6. Hamburg. Perels. 1861.)
Der Richter von Zalamea übersetzt von **Gries.** O. J.
(Reclam's Universalbibliothek. No. 1425.)

Der standhafte Prinz.

(zu pag. 23.)

Calderon, Der standhafte Prinz. Tragödie in fünf Aufzügen
Aus dem Spanischen übertragen und für die deutsche Bühne.
bearbeitet von A. Frhr. v. **Wolzogen.** Leipzig. Reclam.
O. J. (Universalbibliothek. No. 1182.)

Ausgaben der Werke Calderon's im Original.

Teatro Espannol. Coleccion escogida, arreglada por C. **Schütz.**
Mit Bildniss von Calderon. Bielefeld. Velhagen & Klasing. 1840.
— — Dasselbe. Zweite Ausgabe. 1846.
(Enthält von Calderon: La vida es sucnno. El magico pro-
digioso. El alcalde de Zalamea. Casa con dos puer-
tas mala es de guardar. Mannanas de Abril y Mayo.
Teatro espannol por Franceson. 1851.
(Irrig angeführt. In dieser Sammlung befindet sich kein
Drama von Calderon.)

Toatro espannol I. El principe constante. Comedia de D. P.
Calderon. Mit deutschen Anmerkungen von Dr. Bernhard
Lehmann. 8. Frankfurt. Sauerländer. 1877.
— — II. La vida es suenno. Ebendaselbst. 1880.

Calderon, El magico prodigioso. Comedia famosa publiée d'après
la manuscript original de la bibliothèque du duc d'Ossuna
avec 2 facsm. une introduction et des notes par Alf. **Morel-
Fatio**. 8. Heilbronn. Henninger. 1877.

Dichtungen über Calderon und seine Werke.
(zu pag. 34.)

Chezy, Helmine v. Erzählungen und Novellen. 2 Bde. Leipzig.
Rein. 1822.
> (Bd. II. Graf Lucanor. Novelle nach Calderon's El conde
> Lucanor.)

Calderon zum Jubiläums Festkranze für Göthe. Den 7. November 1825. (von Vulpius) O. O.

Menzel, Wolfg. Rübezahl. Ein dramatisches Märchen. Stuttgart. Cotta. 1829.
> (Act II. Der Berggeist verwandelt eine Anzahl Rüben
> in berühhmte Dichter; einer derselben ist Calderon.)

Sterne und Blumen. Unterhaltungsblatt, redigirt von Reinhold
Baumstark. Karlsruhe. Jahrg. 1879.
> (No. 14—19. Calderon und Molière. Eine Erzählung.)

Abendländische Tausend und eine Nacht von J. P. Lyser.
15 Bde. Meissen. Gödsche.
> (Bd. 13. Prinz Sigismund von Polen. Eine Erzäblung
> nach Calderon's: Das Leben ein Traum.)

Calderon's Schauspiele. Gotha. 1825.
> (Bd. I. Ein Gedicht von Vulpius.)

Lewald, August. Ein Menschenleben.
> (Bd. III Sonett)

Pichler, Adolf. Epigramme. Bruneck. O. J.
> (Ein Epigramm: Calderon u. Lope.)

Fastenrath, Joh. Das Buch meiner spanischen Freunde. Leipzig.
Mayer. 1871.
> (Bd. II. Sonett: Vertauschte Rollen. — Ueber ein Loa
> zu Ehren Calderon's.)